心一堂術數古籍珍本叢刊

書名：蔣大鴻嫡傳水龍經注解 附 虛白廬藏珍本水龍經四種（六）

系列：心一堂術數古籍珍本叢刊 第二輯 堪輿類 蔣徒張仲馨三元真傳系列 192

作者：【清】蔣大鴻編訂 【清】楊臥雲、汪云吾、劉樂山註

主編、責任編輯：陳劍聰

心一堂術數古籍珍本叢刊編校小組：陳劍聰 素聞 梁松盛 鄒偉才 虛白廬主

出版：心一堂有限公司

地址／門市：香港九龍旺角西洋菜南街五號好望角大廈一○○三室

電話號碼：+852-6715-0840 +852-6633-7949

網址：sunyata.cc

電郵：sunyatabook@gmail.com
　　　publish.sunyata.cc

網上書店：http://book.sunyata.cc/

網上論壇：http://bbs.sunyata.cc/

版次：二零一七年七月初版

平裝：十冊不分售

定價： 港幣　　二千八百元正
　　　 新台幣　一萬零八百元正

國際書號：ISBN 978-988-8317-46-2

香港及海外發行：香港聯合書刊物流有限公司

地址：香港新界大埔汀麗路三十六號中華商務印刷大廈三樓

電話號碼：+852-2150-2100

傳真號碼：+852-2407-3062

電郵：info@suplogistics.com.hk

台灣發行：秀威資訊科技股份有限公司

地址：台灣台北市內湖區瑞光路七十六巷六十五號一樓

電話號碼：+886-2-2796-3638

傳真號碼：+886-2-2796-1377

網絡書店：www.bodbooks.com.tw

台灣讀者服務中心：國家書店

地址：台灣台北市中山區松江路二〇九號一樓

電話號碼：+886-2-2518-0207

傳真號碼：+886-2-2518-0778

網絡書店：http://www.govbooks.com.tw/

中國大陸發行・零售：心一堂書店

深圳地址：中國深圳羅湖立新路六號東門博雅負一層零零八號

電話號碼：+86-755-8222-4934

北京地址：中國北京東城區雍和宮大街四十號

心一店淘寶網：http://sunyatacc.taobao.com

道光戊申季刊

水龍經

種餡山房藏板

秘傳水龍經序

大鴻氏所傳地理之書惟歸厚錄最著世多有之此水
龍經五卷絕無見者不知何時入玉峯席氏質庫其人
得重價以去遂置不取遂質庫易主雜亂字紙中余發
覆得之識爲秘本常庋行笈卜兆相居頗得其用念世
止有此本恐送淪失且原書多有顛倒錯互及脫句訛
字併妄添作書姓名楊筠松劉伯溫之類因槩加釐正
重錄一過而以原書仍歸清河氏嘗出以示雲間爲水
龍家言者如張式之王瑾光董咸歎詫爲僅觀各鈔錄

以去亦可知其書之是貴重已矣余考山龍水龍從古

各判在詩公劉之篇陟則在巘乃陟南岡則觀山龍之

法也觀其流泉芮鞫之卽則觀水龍之法也而定之方

中亦以升墟降觀對舉則知混合爲一者乃後夫漫說

而非古法安得以是爲夫鴻之放見也平疇是豈柱見

莫傳而歷史藝文志咸以其術爲形家者言何居豈非

度地之法全在辨形由之形尚煩登陟眺望復嶺重岡

難於移逆卽近若水之形顯呈地上溯沿洄漵百里一

覽乃猶有以料爲正以銳爲圓誤世戕人者不辭然洞

據書論境要歸無用惟取具神解兼殫苦功乃能升堂
入與此夫鴻於書中數以神而明之知所變通爲言歟
又書中極重三元九宮而天元心法余求之數十年迄
無善本知夫鴻之學所不傳者改多矣大鴻與雲間陳
夏諸名士游最善於書無所不窺孤虛遁甲占陳候氣
下至趨闕擊刺皆精窓之又能隱形飛遁故世言玉簥
先生起絕與時必欲與共事邀致之鑷固密室一夕失
所在健騎四出跡之無有也意其爲知幾審徵達輿地
塵之士而余見玉峯臥龍山人葛芝送大鴻北遊敘有

曰蔣子志士也是役也甯飢寒之是驅不虞之是懼蓋

將涉淮泗歷鄒魯徜徉於漁陽上谷之間大淮泗韓侯

之所游釣文成所從受書地也鄒魯之國孔宮之鐘鼓

無恙闕里之楸檟猶存也漁陽上谷耿弇吳漢中興勳

業所由起也蔣子驅車其間慨然必有所得矣葛君之

言如是則又似懷材欲試有投石橫草之思者將其人

固多奇著書立言特其餘事而為形家之學又其餘之

餘乎并誌之以竢考云

乾隆二十四年歲次丁亥鶴市迂亭程穆衡識

秘傳水龍經敘

曰鴻濛開闢以來山水為乾坤二大神器竝雄於天地
之間一陰一陽一剛一柔一流一峙如天覆地載日月
晦暮各司一職後世地理家罔識厥旨第知山之為龍
而不知水之為龍即有高談水法者亦唯以山為體以
水為用至比之兵之聽將婦之順夫於是山之名獨尊
而水之權少絀遂使平陽水地皆棄道水龍之真機而
附會山龍之妄說衆世茫茫有如聾瞶此非楊曾以來
未晰此義也古人不云乎行到平陽莫問龍只看水遶

是真龍又云平陽大地無龍虎滃滃歸何處東西只取

水爲龍扞着出三公其善之曉暢條達隱隱在人耳目

間人自不之察耳至其裁製格法實解專書發揮未備

卒使學者面牆無徑可入是豈以山之結撰有定水之

運動無窮人苟知水龍作法將大地山河隨所指顧不

難握神機而參造化故引而不發爲造物惜此秘奧數

夫高高在上袞此下民亦欲使千古不傳之蘊宣露一

時苟知而不以告人爲不仁告而不以實爲不信予不

揣固陋欲爲後此通人彦士執轡前驅因無極之傳發

枝要妙、盡洩楊公之訣、俾蕩然大闢、以山龍屬之高山、

以水龍屬之平壤、二法判然而不相合、不憚大聲疾呼、

以正告天下、有識之士、間亦信之、從來迷謬于焉洞豁、

予雖自喜其闡明之非偶、而且恐恐焉懼冒陰陽之譴、

又何敢貪天之功以為已力也、方予初傳水龍之法求

之古今文獻茫無顯據、及得幕講禪師玉鏡經千里眼

諸書於八宅元機始有符契未幾又得水龍經若干篇、

乃嘆平陽龍法未嘗無書但先賢珍重不肯漫泄於世

爾因無刊本間有寫句之訛用加校讐詮次編成五卷、

一卷明行龍結穴大體支榦相乘之法二卷述水龍上

應天星諸格三卷指水龍托物比類之象四卷明五星

正支穴體吉凶大要五卷義全四卷而縱橫言之一三

四卷得之吳天柱先生二卷得之查浦故宦家五卷覓

之吾郡最後得作者姓名或有或無其言各擅精義互

見得失合而觀之水龍軌度無踰此矣學者以此爲體

而更以三元九宮易卦乘氣爲用譬之大匠水龍者梘

枘杞梓而三元九宮則方圓矩墨也譬之丹家水龍者

鼎器藥物而三元九宮則精瑩火候也名材不搜公輸

無所施其巧、鈆汞不備伯陽無以運其神故天元心法

誠爲至矣、而是書又曷可少乎、經之爲名不可漫加兹

故因而不革、實可藏之金匱石室與青囊狐首並垂不

朽、後之學者、苟非有過人之福天牖其衷、未獲覯此書

也、希世之寶、唯有德者當之、尙其知敬也歟、尙其知懼

也歟、杜陵蔣平階大鴻氏題於丹陽之水精菴

杜陵 陳西
南五十里
溯湖北泒歙
江蘇泒丹陽

秘傳水龍經目錄

諸格一百八十七圖

秘傳水龍經卷一

總論　　　　　雲間　蔣平階大鴻　輯訂

此卷專明水龍支榦之理蓋以通行大水為行龍而謂之榦以溝渠小水為割界而謂之支穴法取支不取榦之高山起伏重巖疊嶂之中反無真結而老龍發出嫩枝始有結構也篇中主意常以榦龍遠抱取氣形局猶之支龍正合交會取內氣孕育其於水龍之理論之特為美備蓋大江大河雖有灣抱其氣曠渺與墓宅不

水龍經　卷一

親斷難下手、須於其旁另有枝水作元辰、遶抱成胎、則

吉氣丙生、并大水之氣脈皆收攬而無餘、斯爲大地、予

觀舊家名家支川小幹首尾通流、其形曲折千轉、但得

龍腹穴、全雖無內堂界水、亦得大發、其小支盡處或一

水單纏或雙流界抱、深藏婉麗、毓秀鍾靈、世家大族所

在、都有不必盡論外局、其福力已不可限量、故此書不

可盡拘然小幹無支、其局雖大、必須久而後應、終難驟

發、支龍無幹、其效雖捷而氣盡易衰、不能綿遠究不若

支幹相扶之地、可希旦夕之功、而亦可期代興之舉也

然則此書之義其可廢而不察歟至所重在特朝之水

寸秀立穴此雖正論然必欲其迎秀入朝猶是一偏之

論益水龍妙用只在流神曲秀生動化機自呈前後左

右無往不宜順逆去來隨方協應以子所見凡以坐向

首尾爲駕馭有權或左或右皆未免偏於公位耳若湖

蕩龍法則此書皆取衆水環聚益卽倣山龍圖式眠倒

星辰之說也果如此圖局法固妙但子偏觀吳楚之地

三江五湖巨浸多矣求合此等圖式百無一遇亦在通

其說以會其意爾必按圖索驥毋乃太愚乎要之湖蕩

之脈、亦當深明支榦蓋太湯即名大榦必須於旁又求

支水立穴、然後發福可期若徒取大湯陽宅尙有歸收

陰墓必難乘按其借外砂包護亦即支榦之法而變用

之者也至於水龍作用全在八卦三元、江河湖湯其歸

一也、不精此義縱得合格大地未免求福而反受其禍

此又乾坤之秘要聖哲之心傳而非作書者所能知也

此書作者不著姓名大約近代人手筆其每篇立論未

免尙存流俗之見子以支榦之說爲水龍第一義故節

取其圖列之首卷若二一泥平其說則於眞實際分反

致河漢是貴學者之善繹此書耳大鴻氏筆記

氣機妙運論

太始惟一氣耳究其所先莫先於水水中滓濁積而成
土水土震蕩水落土出山川以成是以山有聳翠之觀
而水遂有波浪之勢經云氣者水之母水者氣之子氣
行則水隨水止則氣畜子母同情水氣相逐猶影之隨
形也夫氣一也溢於地外而有迹者為水行於地中而
無形者為氣水其表也氣其裏也兩外同流表裏同運
此造化自然之妙用故欲知地氣之趨東趨西即水之

或來或去可以得其㮣矣故觀氣機之運者必觀諸水

川上之嘆宣聖所以見道於逝者平然行龍氣必有水輔

止龍必有水界行龍氣者唯在於水故察其水之自來

即以知龍氣發源之始止龍氣者亦在乎水故察其水

所交會即以知龍氣融結之處經云界水則止又曰外

氣橫行內氣止生旨哉斯言燃夫天地之氣陰與陽而

已易曰一陰一陽之謂道又曰陰陽互藏其宅動靜互

爲其根陰陽相嬗萬物化醇郭子有云獨陽不生獨陰

不成陰陽合德而生成之功備故山脈之峙水脈之流

各有陰陽、水者陽也、山者陰也、二者交互、不可須臾離、
也、地脈之行、藉水以導之、地脈之止、藉水以凝之、既能
導其行、又能凝其止者何也、蓋外氣既與內氣復合二
氣相盪而成物、猶夫婦交媾而后生育之功也、陽爲雄
陰爲雌、陽以畜陰、陰以舍陽、即雌雄相會牝牡相媾之
情也、故曰陰陽相見福祿永貞、冲陽和陰、萬物化生、此
天地自然之化機也、合而言之、混沌之體、即萬物統體、
一太極之妙用、分而言之、隨物之物、又萬物各具一太
極之妙、知太極之理、則可以悟化機之妙、知化機
極之心與也、知太極

之妙則可以語形象之學矣、

自然水法歌 歌中萬項字指田言

水法最多難盡述略舉大綱釋迷試世傳卦例千數家

彼吉此凶行不得自然水法君須記無非屈曲曲有情意

來不欲沖去不直横不欲反斜不急横須遠抱及灣環

來則之元去屈曲澄清渟畜其為佳傾瀉急流何有益

八字分開男女淫川流三派業將傾急瀉急流財不聚

直來直去損人丁左射長男必遭殃右射幼子受災傷

若還水從中心射中房之子命難長掃卻羅城子息少

冲心射脇孤兼寡反跳人離及退財捲簾填房與入贅

澄清出人多俊秀汚濁生子多愚鈍大江汪洋朝萬頃

暗扶爵祿食五鼎池湖凝聚卿相職汪洋水朝貴無敵

飄飄斜出是桃花男女荒淫總破家生人出入好游蕩

終朝吹唱逞奢華屈曲流來秀水朝定然金榜有名標

水如流去無妨礙財豐亦主官高邁水法不拘去與來

總須屈曲去仍迴三迴五轉來顧穴悠悠眷戀不忍別

何用九星并八卦生旺死絕皆虛說述此一篇眞口訣

讀者胸中須透徹莫惑時人卦例言禍福有無當自別

內無枝水
難於作穴

大江大河、或從東南來、或從西南來、中間雖有屈曲處、
竟不見回頭環繞、如雁之飛略無回翔之勢、斷不下止、
雖水勢滔滔終非龍脈凝聚之處豈堪作穴、經云界水
則止又云界水所以止來龍若一二十里尚不見回頭
之水、則前之屈曲處乃行龍處也、經云龍落平陽如展
席、一片茫茫難提摸平陽只以水爲龍水纏便是龍身、
泊故凡尋龍須看來水迴繞處求之、然水之來路遠其
勢寬大、中間雖有小回頭處乃直龍脈束氣結喉之所、
尚未結穴直至大纏大迴之處方始聚氣然到頭形勢

寬大又難捉摸必須求支水界割何如必得支水插腹

界出內堂砂水包裹不踈不密形局完固方爲眞穴若

非支水界割則雖大水環繞終茫茫無可指點益勢寬

則氣蕩形大則氣散內無支水一片頑皮何以立穴縱

無大害必難發福矣

幹水散氣格

榦水斜行、似有曲折而非環抱、又無枝水以作內氣、總

不結穴

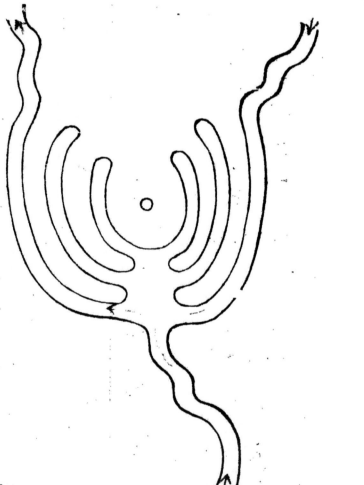

枝水交界格

右前一枝大江自右倒左、右後一枝大江亦自右趨左、
與前倒左水合流屈曲而去、此名兩水合流一水引脈
之局、又云兩水合出是眞龍龍從右來穴倚左局中龍
脈竄入卻要尋枝水插腹割界以作丙局須龍虎前後
左右朝抱包裹周密方可立穴此局腹中插入小水分
界左右重重交鎖三分三合束氣結咽龍脈至頭員淨
端嚴形勢極秀橫來橫受向前面砂水灣抱處立穴以
迎西來之水其福力甚大、

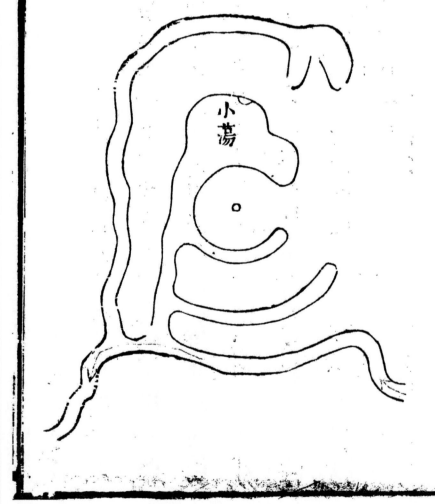

此局受水只從後面右邊來遶、元武水雖不回頭卻於
左邊局後屈曲而去乃眞氣也又妙在大水去處插一
枝水左向上前灣抱過右即收作外包裹又於左之右
插一枝水分作兩股、一股向局後界出龍派一股向局
前聚水處洫砂水雙雙回頭於左此亦橫來而側結穴
也前有小蕩聚水若對小蕩作穴亦發科甲、

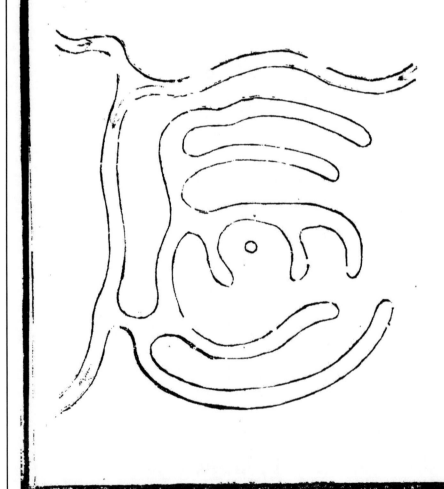

西南水來、送東南來水、出東北、卻於東北插一枝水分

界於左右、作龍虎砂橫來於前後、中間插枝水、橫界於

前、左右有金魚水為之緊挾橫水、正受來水護衛周密、

三分三合氣脈完固、經云、水要有分合、有合氣方浴自

局、三分三合而轉頭向西委曲活動略無硬直之殺、自

是富貴全美、若東南屈曲而來、龍脈更秀文翰聲名可

甲天下也、

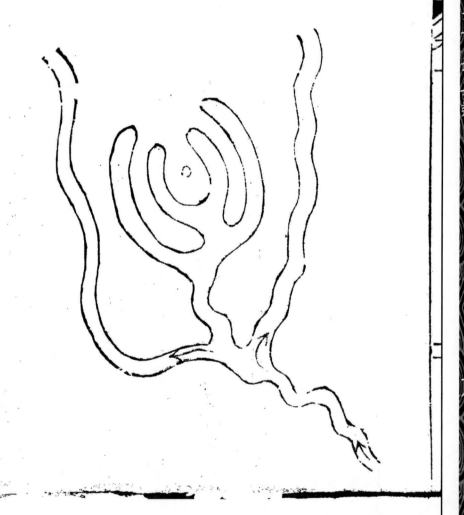

枝水交界格

似曲似遠朝左山為宜

坐下或從東北或從西北插一枝水上南屈曲一路向

左一路向右割界左右龍虎交鎖及抱坐下成龍虎交

抱勢到頭成仙人掌仰結仰窩穴若迎來脈立穴取向

則為回受穴若順水立穴取向則為順枝穴如得龍虎

砂抱於前其秀必速此二法俱可但看前後朝應如何

如前有遠朝可迎立向為回受穴如後有曲水遠朝或

遠山呈秀作順枝穴此勢雖纏元武灣抱如弓亦無分

泄城郭完固局勢周密主百子千孫朱紫滿門若東北

或西北一路水分泄而去其力量便輕矣

曲水朝堂格

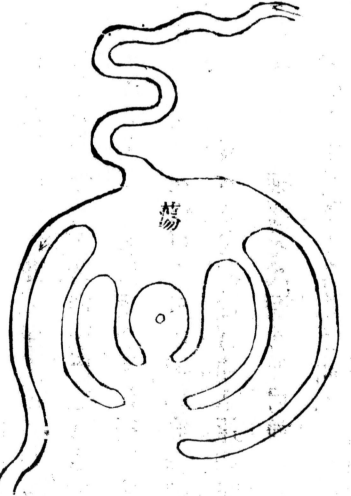

順局立穴

富發不足

穴前曲水不問三曲五曲周匝整肅自右過東就身迴

抱而去、卻於曲水後分枝割界作重重龍虎分列在左

右隻隻回頭朝顧如拜如揖穴後枝水分合三關四峽

重重結咽束氣兜收得此形勢極爲周密秀水完固來

水屈曲呈秀來脈尊貴端嚴龍虎重重護衞主有百子

千孫世出魁元神童宰相若穴前含畜聚水富堪敵國

若水係左來於穴前屈曲而去其瀦力不減但貴官無

財傳家清白

曲水朝堂格

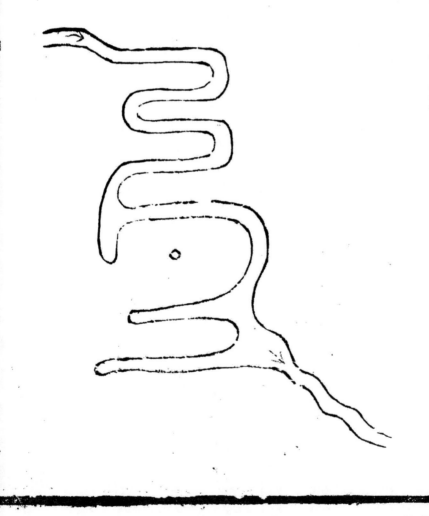

凡見曲水、當面朝來橫過、穴前須得就身迴抱屈曲而

去、坐下要枝水割界兜收龍脈、或一重二重三重憂憂

遠於穴之前後方成體勢、其穴前橫界收水不宜太濶、

太濶則氣蕩不宜太狹、太狹則氣促、面前朝水箭射恐

被傷洩、此局曲水一路單纏兜收脈氣凝聚、大能發福

但坐下無元武水大江遠護乃是行龍要結、非盡龍也、

其力量比兩水合出稍輕、若得去水在元武後回頭屈

曲而去更自不同、

依二十五頁之說
左纏發長房

曲水朝堂格

木龍第

小先發

穴前秀水當面朝來、與右來橫水合流倒左、就身迴抱、

而遶元武卻又回頭望東北而流來則屈曲去則回顧

更得右水交會較之一水單纏殊爲差勝水交砂會龍

盡氣鍾此大地也主人丁繁盛富貴榮昌凡右水倒左

灌堂而前面秀水過堂者長房遲發右邊水灌堂而曲

水從左倒右者長房與次幼房並發如右水與穴前曲

水分泄而去則小房不發更主遷移過繼易姓離鄉

三元法九倒左
者乃下之局
依此畜合奇
附下之局發
小房較大房
早

曲水朝堂格

此勢與前曲水遶堂到堂遶青龍纏元武法合前局周

密緊促此局左來就身夾下稍長而寬龍脈趨歸元武

秀水在前欲就曲水立穴則氣聚在後而脫氣欲立穴

就氣聚處則曲水遶而承受不盡如此形勢必有枝水

插入腹中兜收其氣使前不礙曲水後不脫龍氣前親

後倚方能發福而主文翰之貴先發長房次發中房小

房若更得去水之元則力量悠久

曲水朝堂格

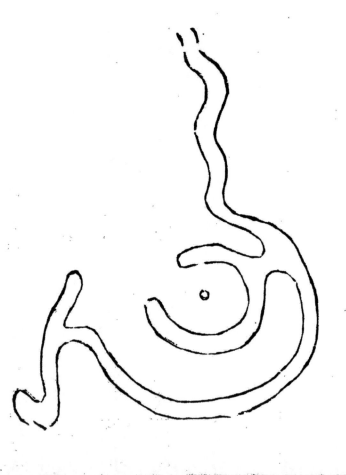

或從左來、屈曲到堂、或從右倒就身環抱遶元武而去、

或從右來、屈曲到堂從左倒就身環抱遶元武而去其

曲處、須要如元字或之字樣不懈不疎整肅周匝至穴、

前卻如彎弓、就身遶轉包承於穴後得此形勢甚佳若

形勢太寬中間須得枝水割界脈絡清奇爲妙若局勢

周密雖無枝水割界亦可立穴、

曲水朝堂格

凡曲水朝堂須要伸縮擊齊厚薄相等、不宜東搜西窺

如風之擺柳偃草或蓋過穴或不蓋過穴參差錯亂若

此者水雖屈曲猶無取也此勢割界結咽內氣合局亦

能發福但主子孫淫逸輕狂飄蕩廢業若得水進局作

一二摺朝抱有情亦主初年發貴發稼行至搖勁擺跌

處不免退敗之憂矣

曲水單纏格

粗細相間者名

絙索形

凡曲水朝堂須得三橫四摺、如之如元摺摺抱過穴場、

又須轉摺處不至沖射方妙若來水雖見屈曲而東牽

西拽、固不可用、或形如絙索穴前雖見灣抱而前面一

路、殊非秀麗、亦不爲吉、其不沖不破者、僅可小康、倘有

沖擊、或左右前後略見分泄、必主破壞矣、若遶水如紐

之字、或形如展索而穴前灣抱、蓋得過穴望之不見前

面沖射、亦主三四十年發福、及水步行至之日即退妻

矣、不可不辨此圖外局既全內氣復固美不可言、

曲水單纏格

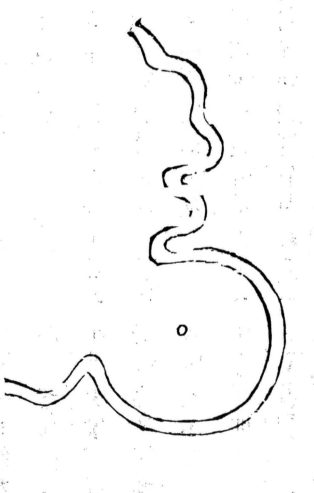

水龍經　卷一

一水單纏只要屈曲有情或從東南來或從西南來摺

摺調勻不牽不拽不疎不密其三曲四曲厚薄相等處

未即結穴直至迴翔環繞如滿月之形方成體勢其去

水亦要回頭顧家所謂洋洋悠悠顧我欲罷是也又云

來要之元去要屈曲然屈曲去處最怕如繩索襟屈曲

不遠即反背走跳亦非結穴地此勢水從東南來三五

旋摺到局前抱如滿月前面不厚不疎而獨到頭一曲

厚而員淨此為水星曲池穴也去水向東北者變局也

來

三橫九曲當面朝堂不疎不密不牽不拽曲曲縈迴

去

青龍纏白虎回頭顧家屈曲而去中間並無枝水插界

左右兜乘眞氣於中此亦名水星曲池穴穴前曲水端

蕭皆宜正受望曲水立向此名曲水朝堂纏青龍選元

武前後左右緊抱拱秀乃大地也賦云爲官清貴多因

水遠青龍發福悠長定是水纏元武更兼曲水朝堂去

水回頭水法中之最吉者凡曲池不宜太寬長則氣恐

蕩而無歸元武穴向前正受必有脫氣失脈之患若見

寬大必得枝水兜架方妙此勢主出狀元宰輔文翰滿

朝三房並秀百子千孫富貴悠長

曲水單纏格

凡一水單纏局內不宜太寬太寬則氣不歸聚亦不宜

太狹太狹則生氣急迫故局勢寬者須前後左右有枝

水兜乘不使散蕩方妙卯蕩左兜左蕩右兜右又得元

武水遠過穴後上下包裹則秀氣完固局勢周密而發

大福此局曲水當面朝堂從左倒右遶白虎纏元武郤

又回頭復從元武而去局內左右金魚夾界其氣凝聚

此爲眞穴又名游龍戲水

凡曲水左來朝堂不疎不密不拽不竅摺摺整齊者宜

從曲水到處立穴若穴前一水橫迎曲水合流者須得

小枝水插界於後方能收曲水之秀

兩水夾纏格

此狹處即束腰收氣

水向前去不富
前有瀦水雖去
占富

二水夾纏合流而出來見之元去見屈曲局內緊拱不

寬不蕩不必枝水割界成形只要中間界割束慶收氣

局勢自然完固二水合出前面三五摺屈曲整齊當面

曲水立向雖是順水而不至直流直去則亦不嫌於順

局也龍盡氣鍾而更得外堂曲水有情明堂內砂如織

女拋梭節節兜乘則水雖去而氣自固也主發文翰但

清貴而不富若局寬而得枝水兜搐成局而得瀦水更

有回頭砂包裹穴場自能發財貴而又富

水纏元武格

南

陽分

局前大水聚於明堂從東南橫架過右抱身纏繞元武

二曲四曲而去砂水反關於坐下其秀在穴後法當從

曲水立向然前有大水明堂流神自南而邊若就大水

處立向富貴爾美但聚水在前秀水在後主先富後貴

若求水自北而南福力尤大代出魁元總要曲水包裹

整齊峕有牽挽便不發矣左纏發長房右纏發中小房

獲慶悠長人丁興旺

房
右纏光從長
依右頁之說

来

去

前有曲水三四折達遠朝來就身兜抱局後纏身元武

而去入路得結咽處束氣緊密發福悠長富貴雙全人

丁繁盛雖三百年不衰

水纏元武格

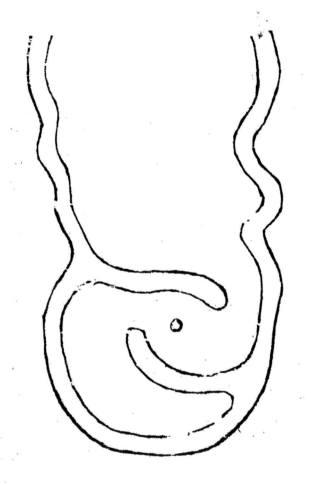

曲水當面朝來、不厚不薄、摺摺整齊、皆左右就身環抱

從元武纏迴而去、此勢極秀若得員抱緊夾不寬不狹
法當就前曲水處作穴如就身環抱寬大深長而湊前
立穴則恐眞氣劫洩於後雖親就曲水而失氣脫穴亦
不發福但當於曲水後求枝水兜插處定穴如兜插中
間即於中間立穴兜插後面宜在元武前坐元武水作
回受穴總要穴前蓮塋曲水如在目前乃妙設局內別
無枝水括界須以人力爲之無使眞氣劫洩但要迎得
秀水著耳經云曲水朝堂秀而可穴纏護緊密湊近迎
托若還寬大發福必遲

回受穴

東南來者

向西南去

宜立南向

西南來者

向東南去

宜立西向

水纏元武格

南

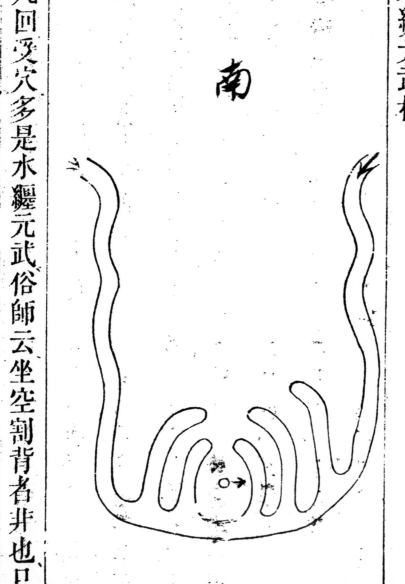

凡回受穴多是水纏元武俗師云坐空割背者非也只

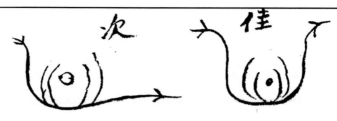

次　　　佳

要天源流水從東向西，左右得枝水插腹重重包裹割
界結咽、分合清奇則福力自大若從右邊來遠元武出
東南去北遶青龍者稍減以水向東流者常也嫌其順
水若從西南向北轉遶向南而東出穴向朝西得水遠
元武其福力與遠青龍纏元武者相同以勢逆也合局
者百子千孫富貴最久又凡元武水纏須於數百步外
便灣抱拱夾仰流而去方為正格如前面滔滔橫架而
去不見回頭此又不可以水纏元武論也水纏者遠也
迴遶灣抱之謂也

順水界抱格

此勢與前局相同但須有蓄聚水涌於穴前若明堂無

聚水鄣得前面枝水三四摺到堂如織女拋梭東西包

裹砂頭隻隻回護雖無蓄水因其曲秀枝生自能發貴

丁財亦盛

順水曲鉤格

曲水垂鉤有兩勢有曲水橫來到頭卻於盡處仰上作

鉤有曲水直來到頭卻於盡處轉抱如鉤此二勢俱可

立穴但要求水屈曲不疎不密不牽不拽摺摺整齊或

迎曲水來處主向或張曲水作朝或於垂鉤盡處定穴

主少年魁元奕世貴顯文章名譽鼎盛一時

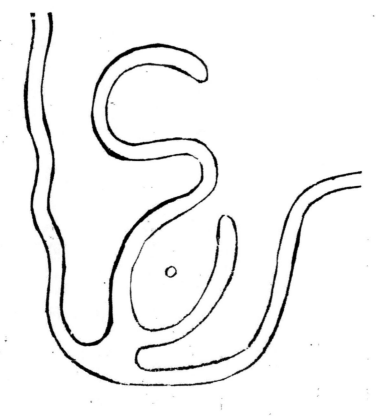

曲水倒勾格

青龍有水屈曲就身抱纏元武回頭顧家而去遶青

龍纏元武勢也卻於元武摺入腹中插一枝水作挽水

勾形穴之亦能發福穴前雖無士秀而砂水朝應坐脈

穴後氣局完足丁財極盛貴而悠久眞佳格也

心一堂術數古籍珍本叢刊　堪輿類

曲水遠來到結局處竟橫架而不見回頭此本入懷反

跳之勢理無可取然曲水三橫四曲摺摺整齊不牽拽

不斜氣其勢秀而可愛若得有枝水插入秀水之後彎

抱如勾本局又得枝水插入於後仰兜如勾其龍脈雖

未止歇卻於交鈕處斬氣立穴仰乘曲水之秀亦能發

福曲水近在目前只發於一二三年遠在百步之外三四

十年始發然終是曲水反跳不行歸元就身富不過萬

金貴不過三品兩代卽衰入籍他州亦出魁元

遠朝接秀格

曲水朝堂從左轉右就身抱轉卻又得客水從東來經

元武與曲水合於局後此亦兩水成勢而曲水之內並

無插界成穴反於客水插一枝水橫架於曲水之後承

受曲水之秀此謂以李接桃名曰邀接主移居易姓或

入贅過房必發大貴或遠鄉冒姓鑚發科或功名在

四夷邊疆或文人立武業武人立文業或以異路進身

皆未可知且局勢周密氣脈完固亦主人丁繁盛獲福

悠遠

凡遠朝接秀、須得曲水朝堂、或倒左或倒右本局無枝

水插界成形、卻於他方有枝水揷界成金盤仰掌勢托

於曲水之下、此局亦名接秀、若穴後更得枝水包承元

武與的水合流一路而去則水口當以曲水爲主如後

面枝水不與元武曲水合流則水口必以本穴枝水去

處爲主其去水處須屈曲回頭交鎖周匝不至滲漏方

爲大地、至曲水去處雖不屈曲亦不爲害蓋本枝水乃

龍之元神而曲水終爲客水不過邀其秀以發福耳其

去流之曲直無與本龍故只以坐下元辰去水屈曲爲

貴此等地亦主過房入贅或他途冒籍登科、

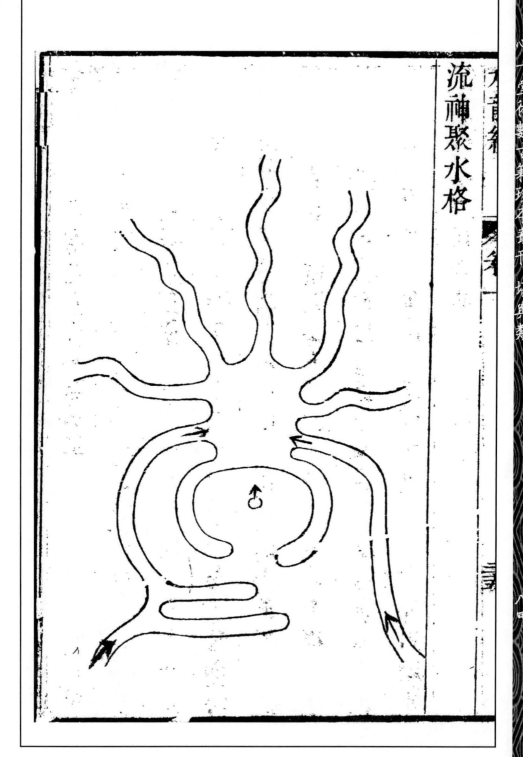

凡兩水夾來隨龍交合於局前者其水多從朝堂前過

去人皆指為順水地順水龍豈知結地水未有不向局

去者只要見得屈曲便佳若直去者亦為大口勢但局

前須有畜水不至徑來徑去為貴蓄瀦而復流積而後

洩雖去亦不害其為吉也惟向前直去而局前竝無池

沼去水絕無交鎖斯為大忌若三橫四曲顧我復流慇

揚眷戀似不忍去此真是顧家水也前顧家者其發近

而遠後顧家者其發遠而遲其與過穴迴抱等局相夫

不遠豈得以其順格而棄之哉

流神聚水格

十八格唯聚水朝堂爲第一、盖水爲財祿乃富貴之樞

機、故水神散漫無收拾者不唯不發亦主敗絕是以古

人論水、不曰蕩然直去、則曰水無關闌、而務得局前有

水畜聚者爲吉壤也此勢左右砂頭朝抱而前面又見

衆水朝流聚注成蕩卻妙在來多去少所通只東北一

路又遠青龍纏元武所謂朝於大澤旺於將衰瀦而後

洩之勢也垣局周密衆水聚堂誠十全之大地主百子

千孫朱紫滿朝享福三四十紀長中幼三房並發但蕩

不宜太寬則衆人之水非我一垣之水情泛而發福亦

不專矣、

流神聚水格

元辰水從穴後分開、左右兩路、隨龍向穴前合流而出、

御又聚成河蕩、左右砂角雙朝抱蕩中間小砂或圓或

方或長橫浮水面交鎖關闌亦不見水口沖射雖是元

辰水向穴出流而聚畜汪洋與元辰水直出之勢大相

懸絕主大富大貴福力悠久若穴前湖蕩中無砂角闌

載亦不為害只要有砂嘴左右拱抱為佳不可以元辰

水直流指為順水也賦云元辰水當心直出未可為凶

只要湖蕩畜之橫案攔之便吉

流神聚水格

此亦類湖蕩聚衆砂格而本身穴後界水旣多內氣又尼

與一片平坡者不同、

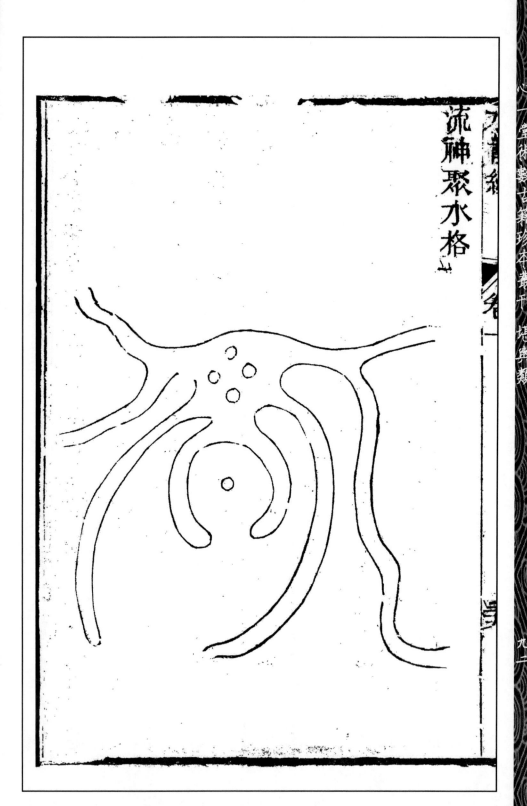

流神聚水格

此勢水聚明堂兩水拱於左右與前橫水合流或過左

或過右只通一路出去穴前畜水成蕩內明堂龍虎重

重抱亦大地也局前雖朝陽揖拜只要下砂逆水插

得緊密似不容水神流去則糖神凝聚不減衆水朝堂

之局但只許仕而多貴不許魁元科第以穴前無秀水

拱揖故也內外堂有三兩重關鎖必主有三四十紀禄

力子孫衆多榮華不絕閱二紀後貴雖不顯而財祿豐

肥白能悠久以水靜專而不蕩洩故也

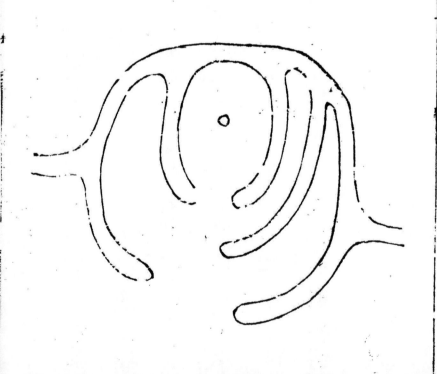

經云好水如弓上絃好砂如僧出定言水欲其彎抱砂
欲其端嚴之意也又云水要彎環玉帶形抱身迴繞坐
尊城又云外水如帶內水如勾氣脈完固立伯封侯碎
金賦云砂要裹砂穴不破水要纏身氣自全若外形如
帶而內直長不能勾向於內此似是而實非所謂來不
結咽真氣散也此勢局前界水彎抱如滿月形左右水
又就身迴抱外堂垣局周密坐下左右環拱勾摺結咽
前合流分水砂還氣朝顧有情穴之主百子千孫福祿
悠長真大格局也

一水橫攔格

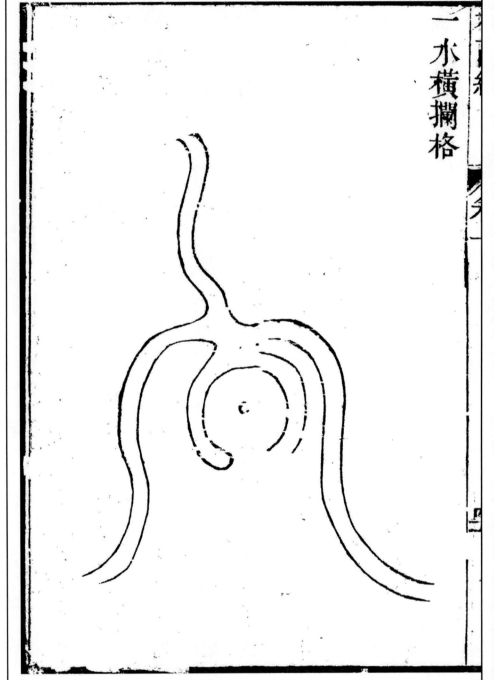

書云六看左右澤水看左右砂三陽看城郭明堂看四

角此勢穴前環抱如帶如弓或從左聚或從右貼緊夾

兜收並無渙散中間雖無枝水插界氣亦完固若或寬

大必須枝水收聚方能發福悠久若局前更有曲水悠

悠揚揚或遠或近朝揖於前不問左來右來俱為秀局

主有翰苑聲華之應左秀倚左發長右秀倚右發小左

右均平則三房均發

一水橫攔格

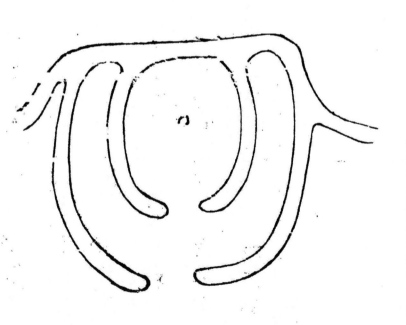

書云穴看左右澤水看左右砂令局內緊身金魚水分

合上前回抱後有結咽前有包乘砂回水就誠美勢也

又云砂要回頭水要就砂水灣環巧如帶令局前水環

抱如帶緊夾包裹龍氣有力形勢最佳當面似有小反

之象亦不爲害可以人力改圖或內堂左右各開腮水

插進以作內郎不覺其反矣此地長中幼三房均發福

力悠久數世不替

界水前抱格

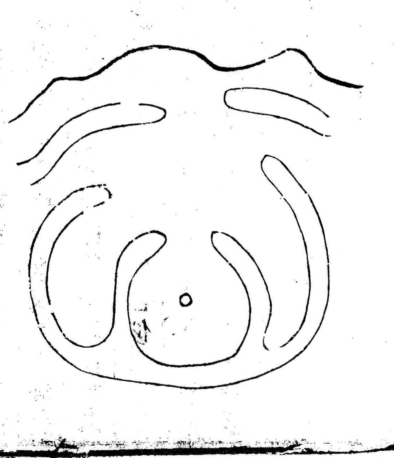

此勢局前枝水插入包抱左右砂氣緊拱似乎有情然

湖蕩在坐下砂角雙雙飛散則前氣難收後氣不齊前

為外氣後為內氣外實內虛此等地雖發小卽終無大

福官貴絕響人丁虛稀、

界水外抱格

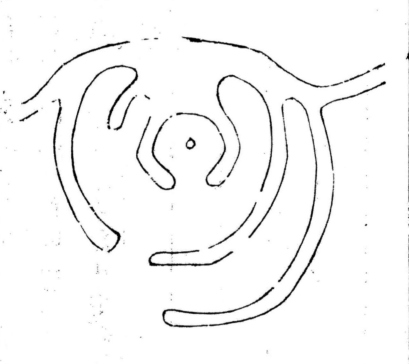

此勢龍虎重重朝抱局前彎環如弓此形勢之美者然

穴前左右砂角硬直無情外形可觀內形覺礙賦云內

直外勾儘可剪裁若以人力去其硬直使成彎勢便是

大地不可以內形不足而棄之也

湖蕩聚砂格　雙龍盤勢（二）

砂水團雲勢、有雙盤龍單盤龍凡盤龍結穴須砂水團

遶周旋婉曲如雲之團繞方成盤結形勢四氣皆水龍
也若無委曲盤旋之勢雖回頭朝應究非盤龍結穴區
局左右客砂勢如雙龍重重旋繞不啻雲之護目故名
雙盤龍勢又凡盤龍結穴必得畜水於內明堂或有小
砂照應方妙令局中有長短小砂最爲合格得此形勢
發禍最久以盤龍之地無風吹水破之患也或穴不盡
眞縱不大發亦不大敗房分均平貴而不驕富而不吝
男女貞潔風聲可慕子孫節操自持兼有三徵九聘而
不仕者此皆氣脈潛藏之應也

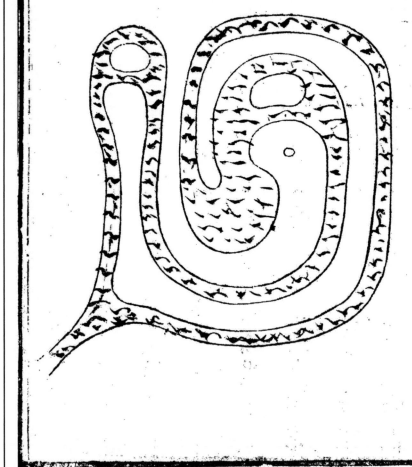

湖蕩聚砂格　雙盤龍勢

大龍經

卷一

四三

凡砂水團雲多結盤龍穴一條水出一條水入周圍盤

結皆在局中、結穴處須要水覓聚成湖澤其中、涵得氣

脈溶活方佳不然便是裹頭城矣裹頭城之水名巾幗

水穴氣緊迫不得流通反成絕地經云山囚水流虜王

滅侯卽此義也此圖穴前湖澤注洋緊而不逼穴之自

能發福子孫悠久入孝出弟稟性聰敏或於巧藝中成

名致富以來龍不能曲秀故也

枕注秘傳水龍經（虛白廬藏清道光重刊本丁種）

湖漢之間及浙直等處地最低薄古時開闢田地多是
塡低就高各因沙汰以成田故多小砂攢聚成勢之穴
然多大小不均橫斜不齊零散而團簇者少此等地亦
有結穴須要隨砂詳看砂頭朝向何地若見攢簇整齊
不疏不密便可於羣砂之中尋得中立之處四顧有砂
包裹藏聚令畜不覺露風此地極佳主百子千孫富貴
悠久其穴向當視小砂中處得求正面迎受方美若小
砂多而大砂遠抱終恐近身穿漏必得穴砂左右有貼
身金魚水緊抱以護漏風則氣益固矣

湖蕩聚砂格

積水灌堂聚畜成湖或一二畝或八九十畝卻於穴左

右起砂條條夾身逆水插出護衛區穴或四五重六七

重雙雙回頭朝拱形如勒馬其力量最重是大地也或

以擾龍散漫過峽來氣不清而棄之誤矣、

湖蕩聚砂格 亦名踢捄勢

砂形勾踢、如馬蹄、如靴頭、如皮刀口、客砂包裹於坐下、

穴前畜聚來水成湖、一水單纏元武、而左轉兩砂、自相

包裹垣局完固竝無水割亦大地也、水自右來穴宜迎

右堂局端正不覺斜側立穴須正受湖澤方佳、雖無

砂照應亦自成局、若聚水直長、便不可無小砂照應、

明堂水喜橫長如几不宜直長如竹也、穴此者富而且

貴子孫累代榮顯如元武水倒纏入明堂而向前徑去

者、穴又以橫受為吉、

湖蕩聚砂格　名雙踢抹勢

又名鴛鴦鈎

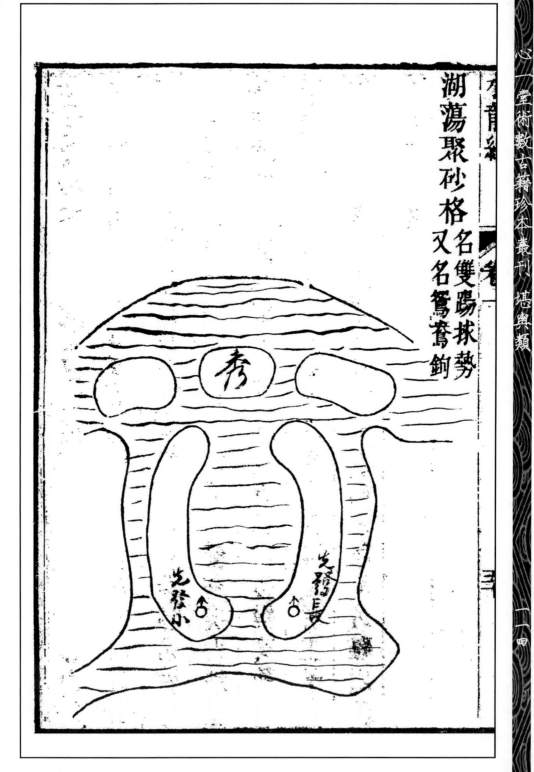

左右兩砂相顧隻隻回頭內張湖蕩中通過穴如內堂

畜水直長須得蓋砂護覆方妙因左右各自結穴故曰

駕鴦垂鈎又其形與皮刀靴嘴相似故曰踢毬須就彎

處向上立穴力量始大若側打之不能發秀矣此地主

科甲聯芳但宜因財致貴或納粟奏名則後發文翰官

至腰金無疑也左穴先發次房右穴先發長房主子孫

繁盛悠久孝悌忠信若扞穴太進則氣散不收難以發

貴兩穴同斷

湖蕩聚砂格

凡羣砂輻輳有五勢有穴前聚水遠砂朝應者有水聚

明堂近砂夾輔兩遠砂拱衞者有本身綿長直出湖蕩

外砂遠應者有湖蕩中羣砂圍繞自相輻輳者有羣砂

內聚而外有大砂包裹者皆大地也此局水聚明堂得

近砂襯貼穴前有湖蕩而遠砂拱夾外砂拱水外水夾

砂其局勢尤妙如穴前更得遠近砂參差呈秀大富大

貴若左右拱夾雖多而前面無砂作應則堂空無物富

而不顯

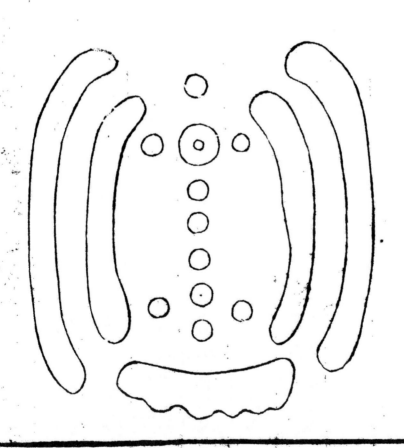

蕩泊之處、多有結穴、如波心蕩月、如雁落平沙、又如浮

鷗點水、審而穴之、無不發福、

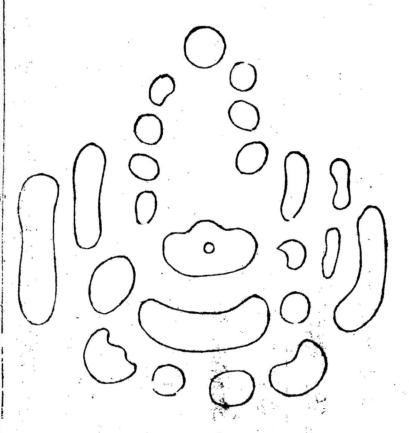

洲泊湖蕩之處、一望無際中間或有小砂數百塊或數

十塊大則六七畝小則二三畝、見蘆草間生團簇一處、

隨于中間求看、內有大砂或十畝二十畝得枝水插界、

緊身包抱左右小砂、或長或短簇擁團聚如蜂之從王

隻隻回頭拱向小砂交鈕如練之聯屬重重疊疊不見

穿漏坐下近局有橫砂以攔於後穴前小砂點點如鷗

浮水橫列如排班倚列如銜隊分列如亂羅倒穀團列

如屯軍匜帥有此形勢主威震邊疆爲統軍大將或割

據一方或分茅立伯若前有倒旗反砂主出强粱之人

湖蕩聚砂格

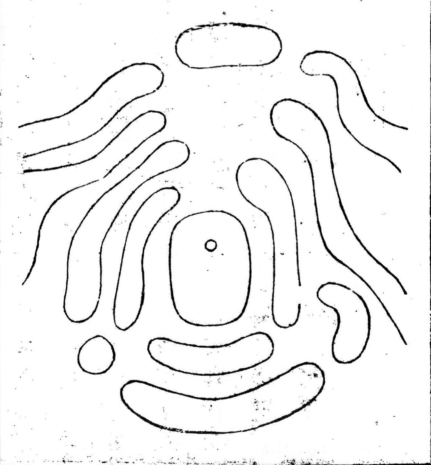

河泊之穴多有羣砂團簇或遠或近回顧朝應中有一

砂端肅整齊四望左右前後各有長砂抱之隻隻回頭、

顧穴如大將之坐營而衆軍之執戟屯列也如官之坐

衙而吏卒之排班唱喏也四畔與湖蕩相去或半里或

一里視遠若近而羣砂紛紛拱衛若在目前如拜如揖、

如俯如伏整齊端肅而坐下又有橫砂架攔於後絕無

滲漏如此形勢主胙土分茅富堪敵國百子千孫福力

悠久更主世出孝義忠良、

湖蕩聚砂格

羣砂輻輳、衆水聚堂、左右各有長砂、二三重抱衞兩旁、

砂頭向前回顧不硬不直又不反背坐下有橫砂托後、

中間有一枝水界出龍虎坐實中立向前邊砂左右趨

堂勢若拱衞如拱如揖中舍湖蕩外有遠山或長砂蓋

照湖蕩寬濶中有小砂如星如月排列在前此形勢之

最勝者也主富貴綿遠出宰輔產英賢萬子千孫世所

罕有、

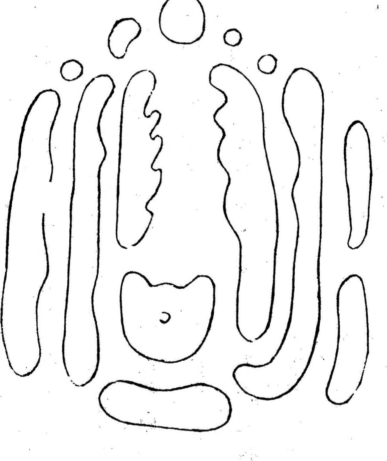

水龍經

湖蕩數十頃中間突起二三片地大者數百畝小者五
六十畝團簇拱聚面面相顧砂角兜轉隻隻回頭如眾
馬之聚會於槽者然即於中間審認何砂端正及枝水
有無若有界割枝水結咽分合件件明白的有確証便
看明堂左右如何若朝抱有情蕩水收進畜於穴前以
作內明堂局前更有遠砂益照湖蕩雖大視之不覺散
漫轉覺垣局周密乃大地也穴之至富堪敵國貴竝王
候以湖蕩中精神獨擅莫能分受故也至於世代之遠
近以砂水朝揖之多寡為斷故砂水朝拱愈多愈妙

湖蕩聚砂格

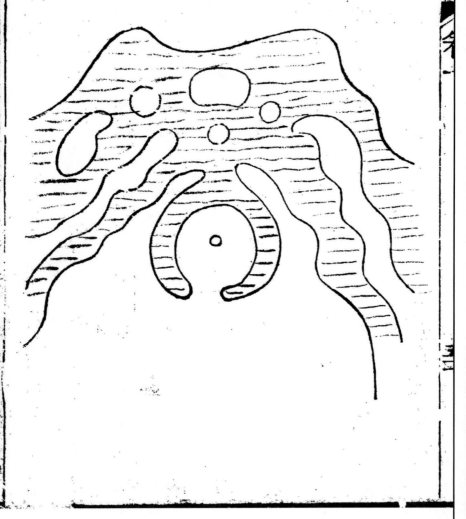

此勢前面湖蕩橫益千頃局後空曠無涯卻得枝水橫

架成局穴前又得小砂益照不致寬濶散漫便覺精神

完固此等形勢不必問水之去來但當審氣之聚結何

如穴之富貴雙美福力不可量也

湖蕩聚砂格

前後各有長砂橫架左右各有直砂包乘中間卻得小

儹砂、或三四畝或七八畝竝無枝水插界藏於眾砂之

中左直砂角角回抱勾搭包抱左右前後水雖四穿八

遶穴中視之毫無滲漏正如車輪之湊合圓簇周密眾

砂環向不敢反背則真氣聚矣凡看地先要看左右前

後朝向何處若砂頭隻隻向內即於中間不倚處立穴、

砂之大小無論設砂有反背或向內或反跳便

非真氣所聚之地不必求穴全在目力縱觀湖泊之處、

多有小砂或二三十塊或一畝或二三畝或五六畝圓

心一堂術數古籍珍本叢刊　堪輿類

簇抱聚中間包含湖蕩其砂點點印於水面如浮鷗泛

水之狀而小砂之外卻有長砂周圍包裹於其中左右

前後見水穿遶而外亦有大砂長砂角角包裹不見缺

陌便成極美辰勢隨於中間小砂認出一中砂頭面整

齊前後左右小砂雖零散而實朝顧攢簇擁護不遠不

近不疎不密既無鵝頭鴨腳之形而外面更得大砂彎

抱周密完固者即大局也穴之斷主大貴如中間雖有

小砂卻無湖蕩含畜其秀而不露主出文翰詞林但不

甚富厚耳

一三二

凡水來去須要朝抱就身尤要彎環委曲來要之玄去

要回頭、此勢穴前左來右抱似為可穴然形如之
字雖見屈曲而勢如摧索斜曲不秀謂之斜來則可謂
之朝堂則非也其右邊去水雖就身轉過成局然不達
即回向左反跳斜飛更不回頭顧家則去水亦似是而
非其貼身左右枝水縱裁割如畫穴之僅可蹔發不从
即敗若誤認水玄如帶是得一而廢百也蓋水贼固要
圓抱而來去亦宜朝拱書云摧索曲斜來此處莫安排
又云水若回頭號顧家水不顧家家必破觀此而杢之
來去可例朋矣

曲水斜飛格

凡來水須就身貼體環繞周匝若過穴而斜流謂之斜

飛過穴而反去謂之反跳皆以其不能衞穴也雖一邊

圍繞而一邊或反或斜穴氣從此便洩矣隨聚隨散氣

不融結縱能發福亦不悠久經云水繞過穴而反跳一

發便衰若水自橫來而過穴反去則左右俱無水抱雖

有枝水兜收全不聚氣穴之必禍矣經云來水不揖穴去

不拜堂形勢遇此敗絕如響正謂此也左長房當右

跳小房絕

水城反跳格

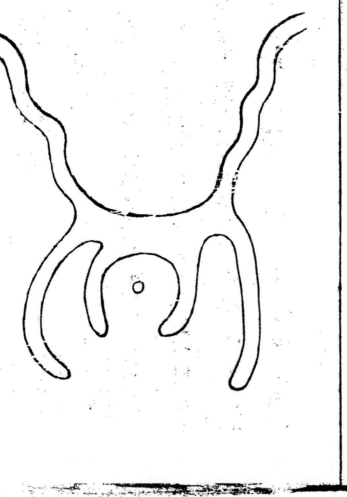

凡水須要就身環抱、如帶如弓左右拱夾則真氣凝聚、
而結穴抱東則氣聚於東抱西則氣聚於西經云界水
所以止來龍彎抱所以聚穴氣此勢穴前水反圈而上、
猶如反弓仰瓦、左右不就身抱下、而反跳斜飛其情實
向前而不向後穴之左右雖有枝水夾護似有情而實
舞情似聚氣而實不聚氣穴之雖或瞥發終必退敗蓋
水最忌背城書云背城反跳徒流邊配遠方遊如以枝
水回抱遂認爲左右拱夾而穴之誤人不淺矣、

凡氣所聚之地其砂水必能歸向留戀則如拜揖回

頭則如勒馬俯伏則如眠弓、水象則似之似元、纏繞顧
家如不忍去經所云揚揚悠悠顧我欲留是也若左來
右反右來左反或前來後反及前來如倒書
人字後來如順書人字源頭水尾竝無兜收勾抱之勢、
名為四反之穴主子孫忤逆無父無君父子兄弟相殺、
小則刦奪村鄉大則謀反逆殺身亡家覆宗滅族之
地也、左反主男人逃盜右反主女子淫奔前反主瘟疫、
後反主火盜前後左右俱反主忤逆遭刑絕嗣切不可
以四水交流疑為好局而穴之也

來水撞城格

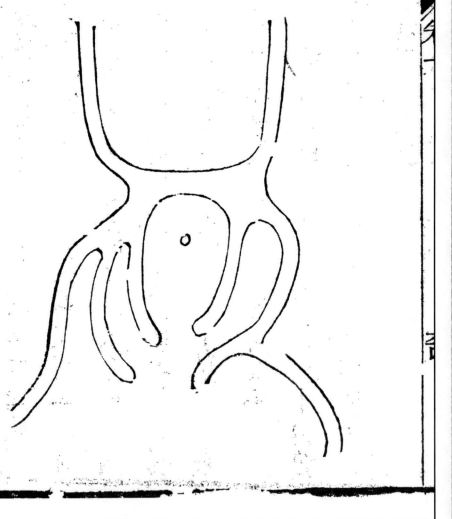

此水或左來夾身從右而下、或右來夾身從左而下、穴
前水如帶如弓左右又有枝水合界拱夾兩旁其大段
形勢似乎聚氣可觀然必明堂左右有曲水來朝方為
美地今局前來水其直如箭畧無屈曲則穴中眞氣又
為來水射破穴之者雖發財祿子孫必遭徒配如左來
右去右來左去或左右俱來而穴前分作兩股流去直
出如箭更無池河收畜尤為不美敗家絕嗣往往由此、

學者審之

來水撞城格

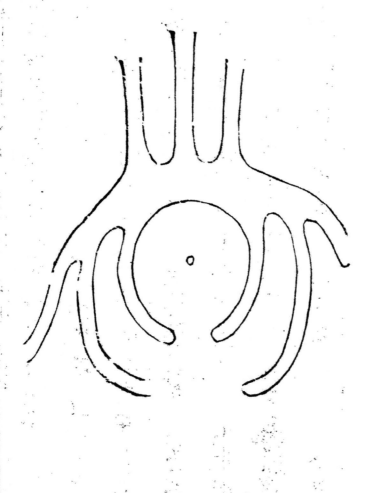

心一堂術數古籍珍本叢刊　堪輿類

此穴前彎抱如帶左右龍虎、緊夾護衛、形端局正似爲

結地然必明堂水更得屈曲而來方妙此地有三路水、

直冲穴前謂之金鵝箭書云曲則爲朝直則爲冲此水

直來撞城爲禍最烈又云一男死二箭二女囚箭

左損長箭右損小箭中損次若見斜冲主子孫從軍如

在殺方尤犯刑戮甚而絕嗣凡穴前見此直水非池河

受之必橫砂遮之始能免禍經云爲人無後多因水破

天心正此謂也、

界水無情格

凡看地須要砂水朝抱就身、向堂龍虎環夾方妙畫云

大地郤如羊見犬隻隻回頭不轉正又如主人在座而
僕從侍之四面環遮亦如星之拱北辰焉若龍虎直出、
無所彎抱形似推車謂之無情書云水如直去推車形、
砂不回頭堂氣散今此地龍虎直去砂不回頭其明堂
雖見聚水而左右砂頭直去則水無含畜堂氣不聚穴
氣不固矣經云龍虎所以衞區穴若不同頭其內豈有
生氣耶此卽內砂似勾亦不足取時師見有龍虎出堂
便去指點未有不誤人者賦云內勾外直枉勞心可不
審歟、

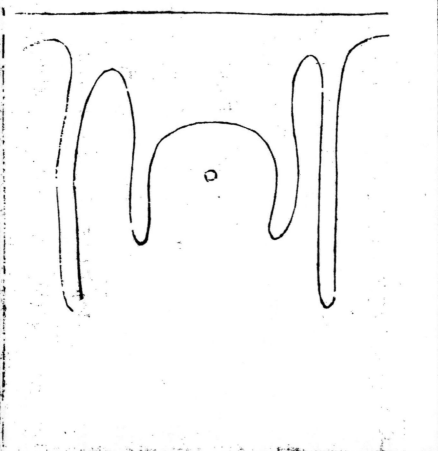

經云椁椅反張手足握拽敗絶之藏、又云臂[?]不供職兒
不還氣忤逆之地、主父子分居兄弟別離、書云砂分八
字水斜流田地不雷垠是已

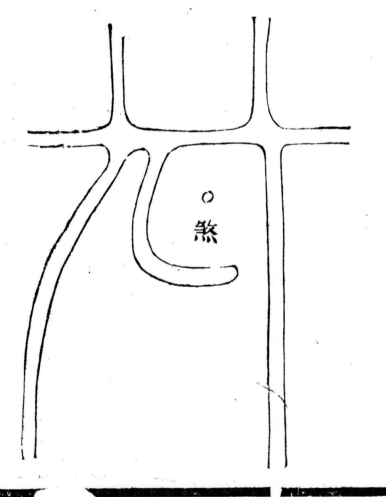

煞

總論

此卷所論水龍乃論天星垣局係化龍山人董遇元述

阜純氏之言而準者也董君不知何代人其間有三十

六穴皆上應天垕每局括以四言十六字中有駟馬京

堂等語乃近時稱謂其為近代人之所撰有明徵矣品

列星占隱與不猥苟非博綜象緯窮探甘石之學者安

能望其涯涘雖未必盡出於景純氏抑亦得其遺意者

歟至其撰句選詞博通典麗卓乎大雅之遺亦可見此

書之不同俗論矣子考楊公以選地理之家久鮮能文
之士惟元之賴布衣奇才而生蒙古之運佯狂詩酒晦
跡寰中每有詠歌文彩爛發見於會稽諸縣者可驗也
向以為才如賴公無與比者不意又得之董君形家者
流何其多才歟觀其所論天星但取水形相似者連類
以求葢非無本古語不云乎在天成象在地成形地之
形與天之象遙相應合確有其理豈傅會哉以此知天
星垣局與世人所傳二十四方各分星躔者相去天壤
葢地有定位而天無定位雖消長五行運乎死生信耳

不如信目信目不如信心世有此書即謂景純精神宅

今尚存可也大鴻氏筆記

郭景純水鉗賦

天壤浩淼三辰顯晦一氣循環五行榮悴江河以流山

岳以崎暗陽為生陰寒為死自昔哲人象天則物因地

察義氣以載理磅薄無疆理萃氣聚陰谷生陽地出川

岳天雜斗星漠乎一氣同情異名真穴奇形死宿曜明

天施順布地德上承葭管飛灰孕懷百靈鑄以形氣剖

以吉凶陰陽佣禪五運森聯舉一遺二乃術之偏欲識

其地先觀其天欲得其形先鉤其六元禹跡茫茫誰能諦

觀不察其流孰知其源溢天漫衍蠡蠡淵淵乘氣而行

子母相援夫婦交媾剝摸蜿蜒柔利爲吉激射爲嫌土

水厚重金水圓清木水挺直火水飛騰臨涯眺瞰不失

其形金木相攻變水則比水火相戰木旺尤忌土神生

金最畏逢木木星帶火刑家傾覆趨畜之處各有關軸

胞胎死絕生旺官祿冲尅刑傷災祥迅速

嗚呼長江鴨綠大海無涯汎濫淘湧蛟龍夜栖界之罔

木爻永別相勃谿

極索之愈疑雖有曲折不忌逶迤連啟天鑰君子弗題、

下遞淮泗峽江漢水巨脈縱橫沿洪觸溪州邑鄉井龍、

神所據旋垣轉屏脈隨氣萃揚眉逹眺精采來會州間、

洋洋窄江入湖三十六爻景純所圖晉末之時仙音既、

徂唐宋以來水法虛無青烏石匱發自何年不載他祕、

唯說水鉗水鉗龍法出諸景純紛錯纏形難具陳得、

魚忘筌須悟以心水纏沙轉蔓延若峽認根識翰認枝、

識葉山亂勢奔水亂勢結蛛絲浪萍隱隱冥冥入土不、

滅入水不湮上哲辨氣下哲辨形形氣俱得殃福自真、

視淵若淺、視寞若喧、元而又元、難以言宣、古人已往徒

存糟粕東南和暖西北凜冽雪冰未消潮水易洩揆高

衡平坐氣得穴寶鼎炳鎖虛簷雨歇彉弩發機遊刃赴

化不傳心庸師憒憒、五行不分旣泥羅躔、又多謬星指

節蝦鬚蟹眼元論紛紜、蓋黏依撞法在胸唇神不傳目、

生為死報假為眞上賣天垣下毀地形靈暉不照白畫

黑昏幽堂怪恨福滅身傾斯理渾渾授受遵循用照眞

秘啟後迪人、

水龍經卷二終

總論

此卷專言水龍象形肖物之義與天星垣局厥指相同、蓋天有是星地卽有是物、水能象星卽能象物、大要與玉髓眞經歸於一例原本亦云景純氏作、但其文不古、比之星鈐有雅鄭之異、或屬後人之傅會、未可知予最喜其篇首山郡以山爲龍水郡以水爲龍二語爲地理家千古開闢之論必非淺學者流所能希其萬一、其餘文多粗率義多穿鑿略之可也又云水口交鎖織結雖

順亦吉局凶牽割箭射、縱逆何庸此真通達之識觀其

圖局、如草尾露珠雙龍戲感入懷華蓋諸格皆深得水

龍微妙作法而飢中取聚則又裁穴真機確乎不易之

論也夫喝形點穴子於山龍極論其非、豈於水龍獨反

其說予之爲是言也亦緣世之論平洋者指示形局專

取地之形爲形而不取水之形故博搜其義以破

世述使成其爲一家之正論云爾讀者因其文節取知

所繇之通可也、大鴻氏筆記、

水羣肖象格說

山郡以山爲龍水郡以水爲龍三吳諸郡江楚二省坡

榦交流一坏之地不過里許前賢謂以水爲龍正此處

也相水認勢葬得眞穴富貴悠久經云江淮大地無龍

虎渺渺歸何處東西只把水爲龍葬後發三公萬甲無

山英雄迭出其貴在水雖浙閩多山之地皆有山脈亦

作水龍至於蘇松之地近海通湖六時潮來六時潮去

來口便是去口夫口便是來口兩頭會合爲交媾潮退

兩分爲乳蔭妙處盡在平潭凝生活喜其之元潭漩則精

四百倍之元則變化無窮屈曲出來朝不論大河小澗

流曲抱無分江海退歸經六、地道剛柔神變化、中流聚

處引元機小水聚多而愈妙、直來縱大不為奇、丙百外

勾多巧結丙勾外直杆勞心橫過抱身為抱局曲朝對

而足迎神進局入懷、須兩邊之抱應流來入股貴四畔、

足包藏前案特秀、即為華蓋附身交合便足金魚兩來、

合局足朝星二派交流為合腳六建四邊皆護衞、三陽

高而足趨迎金魚腰帶旋繞彎環弓局天虹當前入抱

上下州朔號作雌雄兩感遠身方正名為華蓋幞頭裏

破張奇特隨見縈爭、穿珠垂乳源頭即時富貴獻誥

格出神童（元）

藏秀局、青黃千秋（3）、股無纏而驟發迎神（4）

四龍戲珠大富大貴、周圍環抱悠久無疆、

交劍格（11）、生武職催官盤繞出文臣左右仙掌俱富貴（12）

道花垂仰定陰陽、勢若踢毬須得趣、形如飛鳳翼宜長（13）（14）

仙掌撫琴登甲第、捲簾殿試耀魏科（15）（16）

兩浜對抱是開弓、美女獻花生秀氣、排衙形局出官宦（17）（18）

大極一源真富貴、蚯蚓百足產英雄、蝦首富而雄豪金（18）（19）

城貴而悠久、高朝局大一發便休、草尾垂露絕嗣出姓（19）（20）

顧風行舡而名顯、順水捲簾而入贅、飛旛舞旗真貴格（20）

朝元顧祖是真、龍羅帶風吹發福遲而能綿遠金魚伏

陰先富饒而後榮昌宜轉脚朝元要水多裹局潤大而不可交

福悠遠金鈎宜插花垂帶衣食從容進局入懷宇

芽緊夾而有情曰字或凶或吉鞋城有為有真盤龍局

勢盤中取虹食彩霞聚處尋擎傘扞宜垂尾龜紋局取

中央雙龍戲感合陰陽二水垂絲鈎裹取四水歸朝防

散亂聚堂旺局忌乘風砂水相關真妙格迴龍顧祖巧

規模勢看排衙裹局脈宜朝聚多情蛛絲團結聚處安

扞重抱盤旋小多愈妙中軍垂乳有外抱而財祿豐盈

土宿聚堂得秀朝而甲科赫奕四勢不流元氣聚一灣

璞抱福天然橫㉙宮龍穴生榮顯偕合穿龍主發財出水㉚

蓮巧而生秀流帶局活動為榮格㉜似簷花須緊密勢如

再節貴多枝花蕊㉛靈芝蕊多最貴亂㉛中取聚眾聚方奇

來長去無福蔭無疆射肘穿心禍殃立至大抵來宜屈

曲去宜之二元急流者與衰無定凝聚者福壽綿長水口

交鎖織結雖順亦吉局內穿割箭射縱逆何庸此等水

流遂致最微知此者固鮮而能講求而切究之者亦未

可數覯此已

以下諸格形體圓者為金城、曲者為水城方者為土

一城道者為木城、俱係富貴之格惟火城尖利煞重故

承受穴

六建格

出神童狀元宰相

火建

財建

天建

地建

祿建

馬建

金魚腰帶格

俱富貴

此格無枝流靜水雖富貴不久

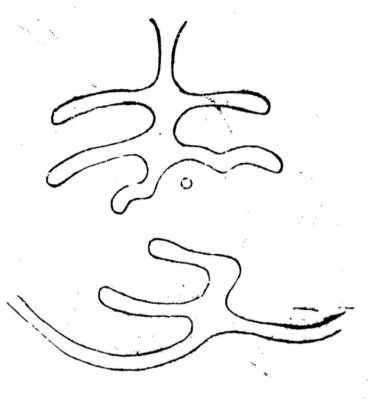

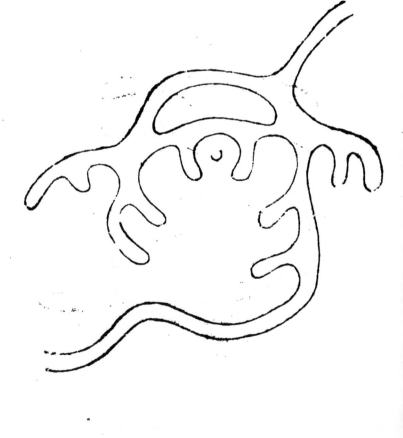

嗅頭華蓋格

批注秘傳水龍經（虛白廬藏清道光重刊本丁種）

牝牡葢格　出文武全才

义股格

迎神格　出神童狀元

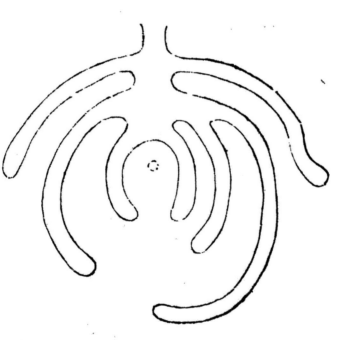

交劍格　生武職

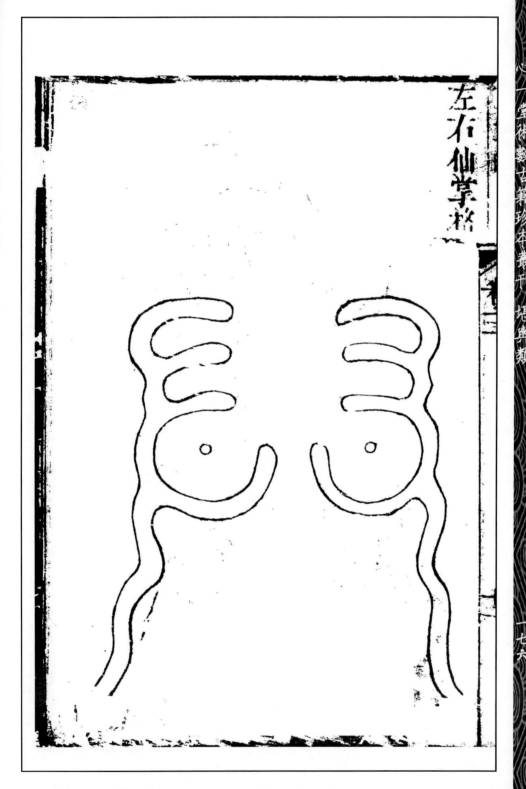

左右仙掌格

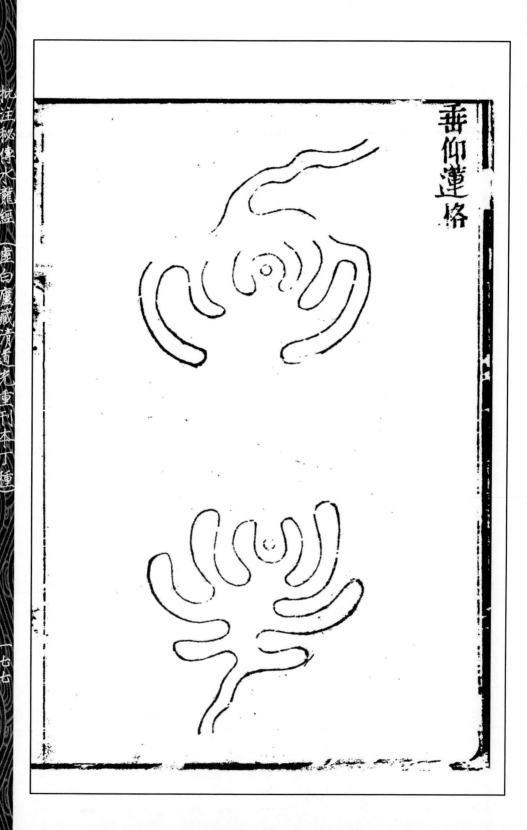

翼宜長

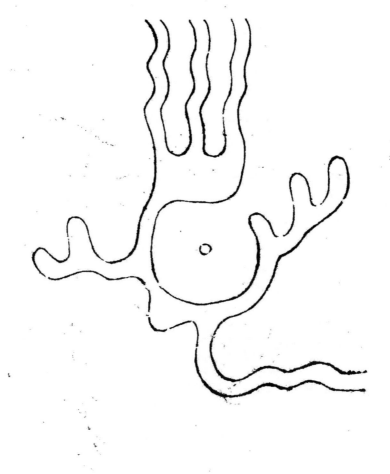

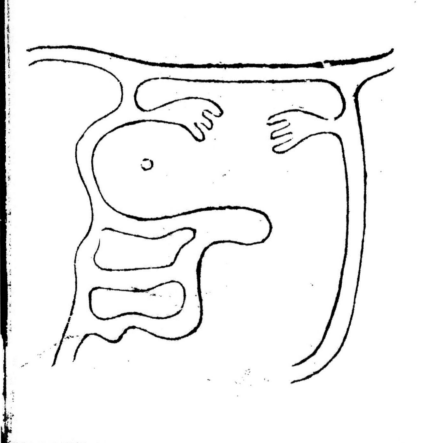

飛簾殿試格

登甲第

盤蛇格

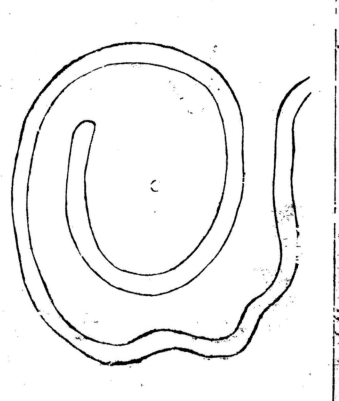

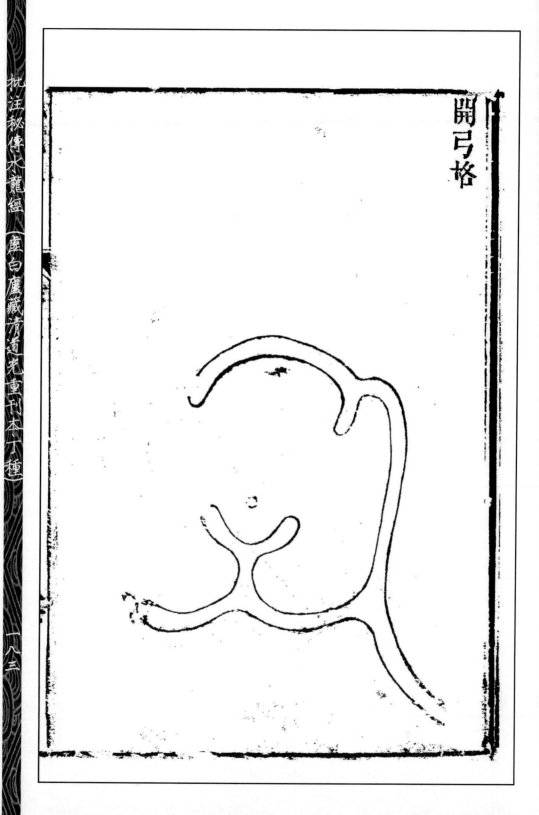

美女獻花梯

生秀氣

太極格　富貴雙全

蜈蚣鉗路

產英雄

蝦首格

富而雄豪

草尾垂露格

絕嗣出姓

名顯

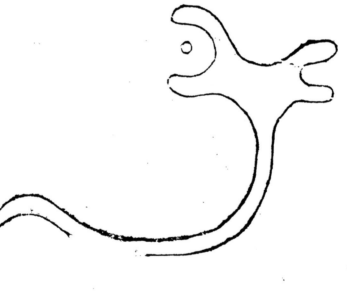

貴格

迴龍顧祖格　又名朝元格

風吹羅帶格

發福遲而解綿遠

伏陰金魚格

先富後貧鏡而後貧昌

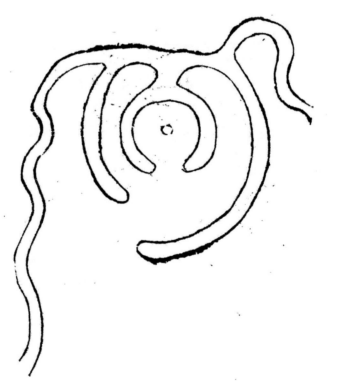

水會徒客

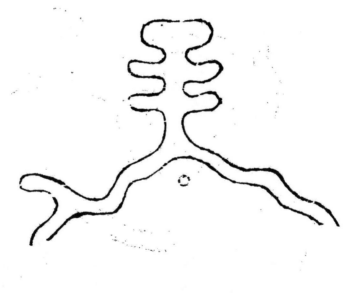

外抱

進局入懷

亨福伯遠

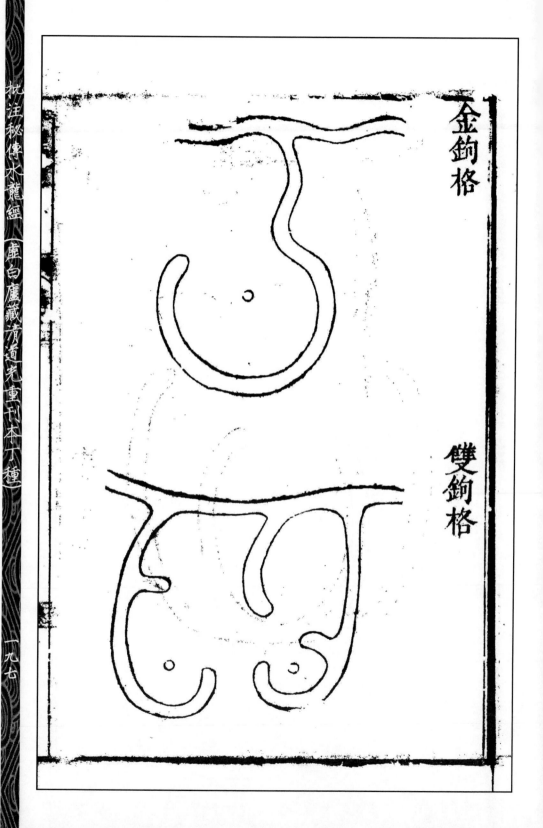

金鉤格

雙鉤格

日字城格

或出武吉

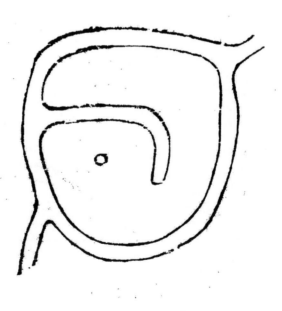

鞋城格 或凶或吉

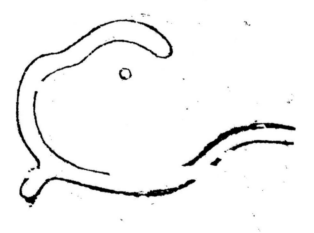

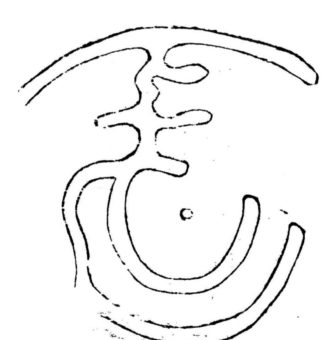

擎傘格

宜扦垂尾

雙龍戲感格

寅

若乘風

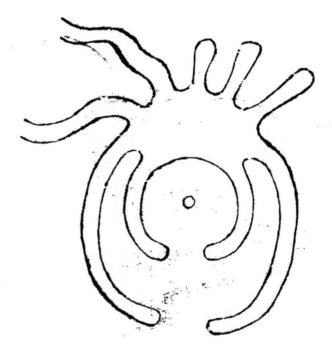

有乳抱身財祿豐盈

土宿聚堂格

汀多朝而
甲科赫奕

橫宮龍格

彎竹抱穴格

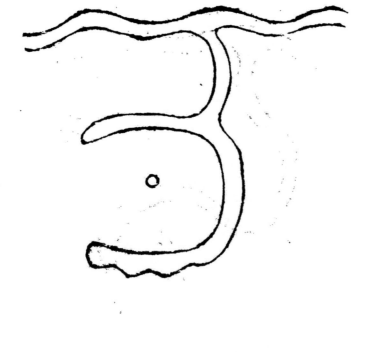

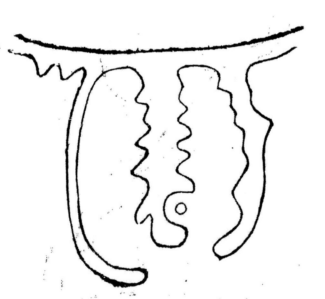

亂中取聚格

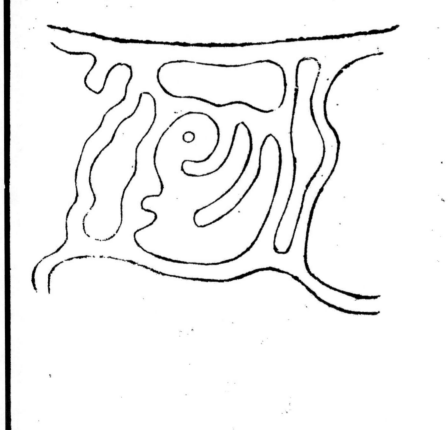